Philippe Schuwer et Dan Grisewood

ont créé cette collection.

Dominique Burg a écrit ce livre.

Marc Lagarde, Jean-Marie Poissenot, Amato Soro,

Etienne Souppart, Valérie Stetten ont illustré ce livre,

d'après une maquette de François Huertas.

Jacques Lannoy a assuré la fabrication,

Delphine Godard la correction.

MA PREMIÈRE ENCYCLOPÉDIE

LAROUSSE - 21, RUE DU MONTPARNASSE 75298 PARIS CEDEX 06

Distributeur exclusif au Canada :
Messageries ADP, 1751 Richardson, Montréal (Québec)

ISBN : 2-03565032-1
Dépôt légal : mars 2000
Imprimé en Italie
N° projet 10083970 - (II) - 24 - CSBTS - 170° - Avril 2001

Les métiers

LAROUSSE

Entrons dans ce livre

VENDRE ET TRANSPORTER

ÉDUQUER, SOIGNER, PROTÉGER

ORGANISER, CONSEILLER, FABRIQUER

DANS LA NATURE

INFORMER, AMUSER, CRÉER

Vendre

et transporter

Au supermarché

Au supermarché, on trouve de nombreux produits. L'acheteur est chargé de dénicher les meilleurs et les moins chers, chez les fabricants, ou chez les agriculteurs.

Ces produits sont stockés dans de grands entrepôts sur lesquels veillent les magasiniers.

Puis le chef de rayon, aidé d'une équipe de vendeurs, range les produits dans le magasin.

Chaque chef de rayon a sa spécialité :
les laitages, les légumes, les viandes, les lessives...

Le chariot est plein.
Il faut payer. Le caissier,
ou la caissière, présente
chaque produit
au lecteur
de "code-barres".
La caisse affiche
le prix, l'enregistre
et calcule le total.

Au marché

On trouve les petits commerçants près de chez soi ou au marché. Chacun, très tôt le matin, va aux halles chercher sa marchandise :

le poissonnier le poisson,
le boucher les quartiers
de viande, qu'il découpe
en entrecôtes ou en gigots,
le fleuriste les fleurs,
qu'il noue en bouquets.

D'autres fabriquent
ce qu'ils vendent.
Le charcutier transforme
le porc en saucisse
et le lapin en pâté.
Le boulanger
pétrit sa pâte et
cuit son pain.
Le pâtissier
confectionne
les gâteaux.

Certains rendent
des services.
Le cordonnier
répare les
chaussures,
le garagiste
dépanne la voiture,
le coiffeur coupe
et teint les cheveux.

Au service de la maison

La maison a toujours besoin d'eux :
le plombier répare les tuyauteries,
le menuisier construit un placard en bois,
et pose un nouveau plancher.

Le peintre bouche les fissures des murs
et leur redonne une belle couleur.

L'électricien fait passer
les fils électriques dans toutes
les pièces. Grâce à lui,
les lampes s'allument,
le four chauffe,
l'ordinateur fonctionne.

L'ébéniste a restauré le vieux buffet
d'acajou, et il a fabriqué une table et
des chaises assorties.
Le violon de papa, lui, a été fait par
le luthier.

Tous travaillent
avec leurs
mains,
leur
imagination,
leur habileté.
Ce sont
des artisans.

Pour une petite soif

Une petite soif ou une petite faim ? On peut entrer dans un café.

Le garçon sert des boissons et des sandwichs sur son plateau. Parfois, comme dans les “fast-foods”, il reste derrière son comptoir pour servir.

Au restaurant, le maître d’hôtel présente le menu. Le sommelier propose ses meilleurs vins. Derrière les fourneaux, s’activent le cuisinier, et ses aides, les marmitons.

ou une grande nuit

Si l'on préfère rester
à la maison,
le livreur de pizzas,
ou de plats cuisinés,
bondit sur
sa mobylette.
Tout est encore
chaud quand il sonne à la porte.

Le voyage est long. Il faut dormir à l'hôtel.
Le réceptionniste donne les clés des chambres.
La femme de chambre les a préparées.

Le matin, on
sert le petit
déjeuner
au lit.

Convaincre le client

Fabriquer un vélo, c'est bien.
Mais il faut aussi le vendre.
Au service marketing
de l'usine, le chargé
d'études enquête sur
les formes et les couleurs
à la mode.

Sous la direction
du chef de publicité,
le graphiste a imaginé une scène,
avec des dessins ou des photos.
Le rédacteur a trouvé la phrase
qui fait mouche : le slogan.
À la radio, ou sur les affiches,
la publicité vante les qualités
de ce nouveau vélo pour les enfants.

L'attaché de presse parle aux journalistes du vélo, leur propose de l'essayer. En espérant qu'ils écriront un article sur lui...

Le représentant va de ville en ville convaincre les magasins de vendre le vélo. Il est VRP, "voyageur représentant placier".

À l'aéroport

Assis dans le cockpit, le pilote et son copilote dirigent l'avion vers la piste d'envol. À l'entrée de la piste, l'avion attend les instructions de la tour de contrôle. Le pilote est le commandant de bord.

L'hôtesse de l'air
et le steward
ont demandé
aux passagers
d'attacher

leur ceinture.
L'aiguilleur
du ciel vient
d'indiquer
au pilote
qu'il peut décoller. Depuis la tour
de contrôle, il veille à ce que
les avions dans le ciel
ne se heurtent pas.

Au port

Le capitaine d'un cargo est aussi le seul maître à bord du navire. Il est commandant de la marine marchande. Avec son second, il dirige les marins qui forment l'équipage.

Au port, les dockers débarquent la marchandise. Ils utilisent des grues pour soulever les conteneurs.

À la gare

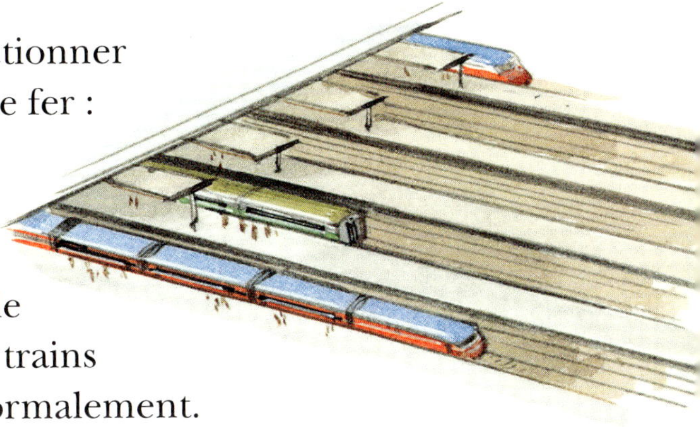

Ils font fonctionner
le chemin de fer :
ce sont les
cheminots.
Le chef
de gare veille
à ce que les trains
circulent normalement.
Sur le quai, un chef de service donne
le signal de départ.

Dans le train,
le contrôleur vérifie
que les voyageurs
ont un billet.
Dans la locomotive
le conducteur
respecte les
signaux. Il doit
être très attentif,
le train roule à toute allure, surtout le TGV,
le train à grande vitesse.

En ville et sur la route

D'un bout à l'autre de la ville, le conducteur de bus transporte les habitants.
Sous terre, le conducteur de métro suit lui aussi son parcours, de station en station, mais sur des rails !

Pour être conduit jusqu'à la porte de sa maison, il faut faire signe à un chauffeur de taxi. Il emmène ses clients où ils veulent.

Beaucoup de marchandises sont transportées par camion, sur les routes. Au volant de son poids lourd, le chauffeur routier traverse souvent plusieurs pays. Il doit dormir dans son camion...

Le facteur distribue les lettres. Parfois, il apporte les paquets dans une petite camionnette.

Sais-tu que...

Les supermarchés sont nés aux États-Unis dans les années 30, en Europe après la Seconde Guerre mondiale. En 2000, les Français effectuent un tiers de leurs achats dans ces grandes surfaces.

Les artisans apprenaient autrefois leur métier en parcourant la France, pendant plusieurs années. À la fin de leur apprentissage, ils fabriquaient un chef-d'œuvre. Ils devenaient alors compagnons du tour de France.

Dans la cuisine d'un restaurant, le grand fourneau sur lequel s'activent les cuisiniers s'appelle familièrement le piano.

Dans les années 20, des aviateurs intrépides traversent les mers pour porter au loin des sacs de courrier. Ce sont les premiers postiers des airs, les pionniers de l'aéropostale.

Éduquer, soigner,

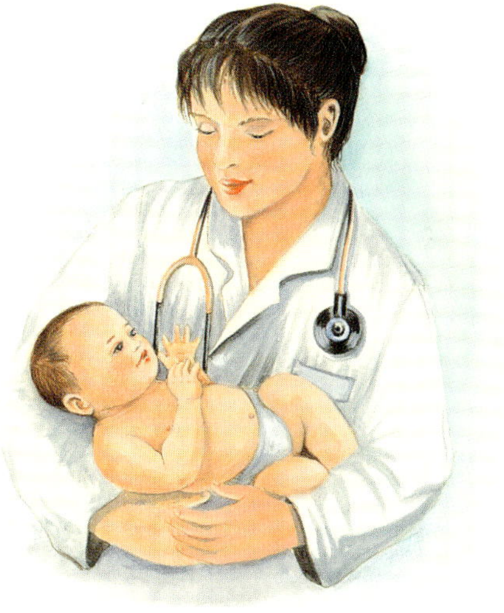

protéger

Avec les élèves

Pas facile d'être enseignant ! Il faut transmettre les connaissances, aider les élèves, être patient, et sévère s'il le faut. L'enseignant est contrôlé par l'inspecteur.

A l'école maternelle et à l'école primaire, l'instituteur apprend aux enfants à connaître le monde, à lire, à écrire et à compter.

Les professeurs de collège
et de lycée enseignent
une seule matière.
À l'université,
le professeur donne
des cours. Il fait aussi
des recherches pour améliorer son savoir.

Chaque établissement scolaire a un chef. On l'appelle directeur dans les écoles, principal dans les collèges, proviseur dans les lycées. Le principal et le proviseur sont aidés d'un conseiller principal d'éducation. Il surveille les élèves et fait attention à leur sécurité.

Avec bébé

La maman attend un bébé. Son médecin, le gynécologue, veille à ce que la grossesse se passe bien. Grâce à l'échographie, il peut voir le bébé dans le ventre de sa maman. Le bébé va arriver, il faut partir à la maternité. Là-bas, un médecin accoucheur le met au monde. La sage-femme reste près de la

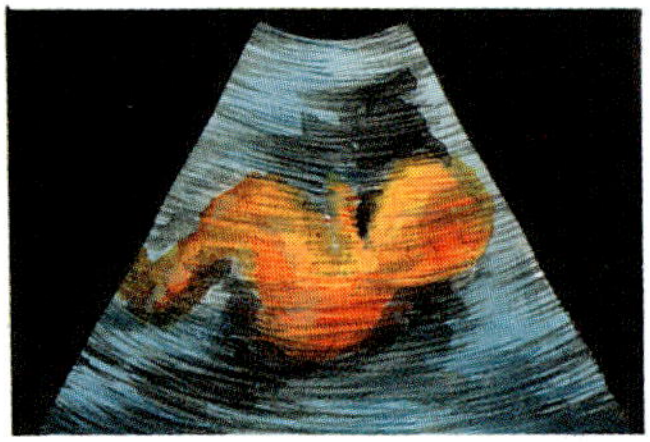

maman, lui donne des conseils. Très souvent, c'est elle qui aide le bébé à naître.

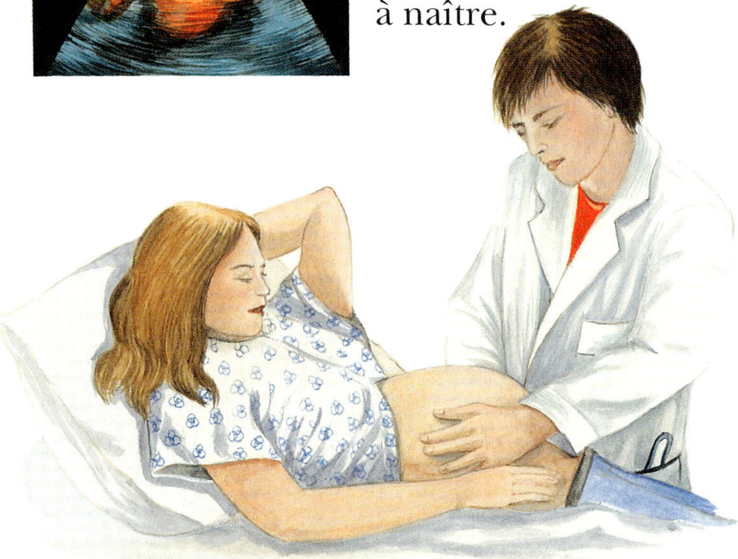

Plus tard, à la crèche, le bébé est gardé par des puéricultrices, qui lui donnent à manger, le changent, le couchent.

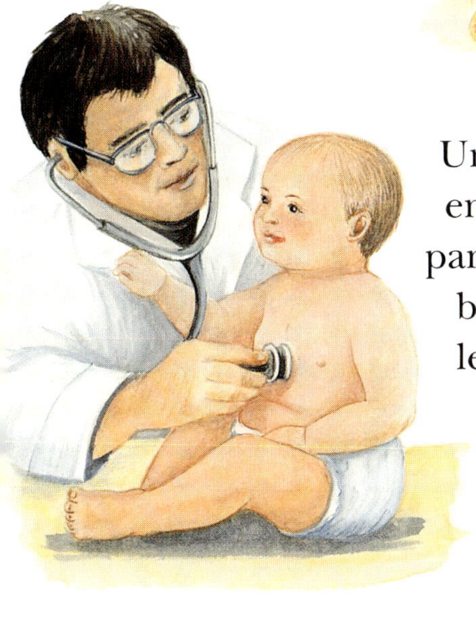

Un éducateur de jeunes enfants le fait jouer, lui parle. Le bébé pleure beaucoup. Il est malade : le pédiatre l'examine et le soigne. C'est le médecin qui suit les enfants jusqu'à l'adolescence.

Chez le médecin

Le médecin généraliste soulage tous les bobos, connaît toutes les maladies.
Il reçoit à son cabinet, et si l'on est très fatigué, il se déplace jusqu'à la maison.

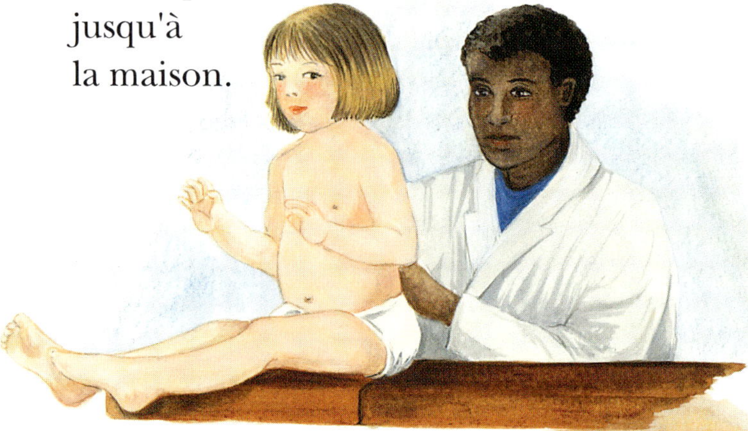

La secrétaire du médecin, une secrétaire médico-sociale, tient la comptabilité, note les rendez-vous, accueille les malades, explique les démarches à suivre.

Le médecin spécialiste soigne certaines parties du corps : l'ophtalmologue les yeux, le cardiologue le cœur, le dermatologue la peau. Les oreilles, le nez, la gorge, sont la spécialité de l'oto-rhino-laryngologiste.

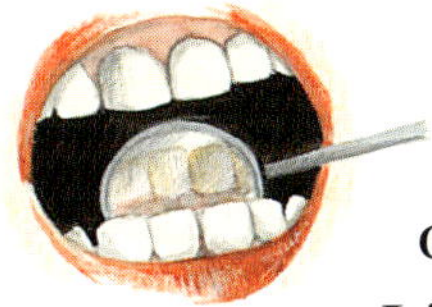

Le dentiste a des outils très perfectionnés. Il ne fait pas mal quand il soigne les dents.

L'orthodontiste est un dentiste spécialisé : il place les appareils qui redressent les dents et préparent un joli sourire.

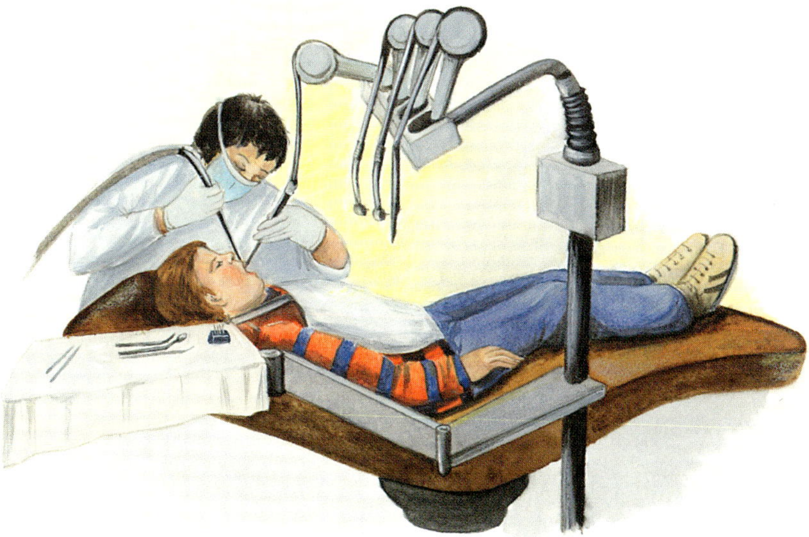

À l'hôpital

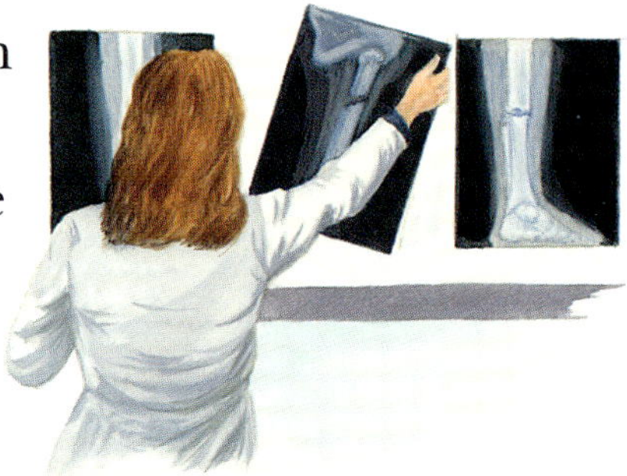

À l'hôpital, grâce à un appareil à rayons X, le radiologue voit que la jambe est cassée. Il faut opérer.

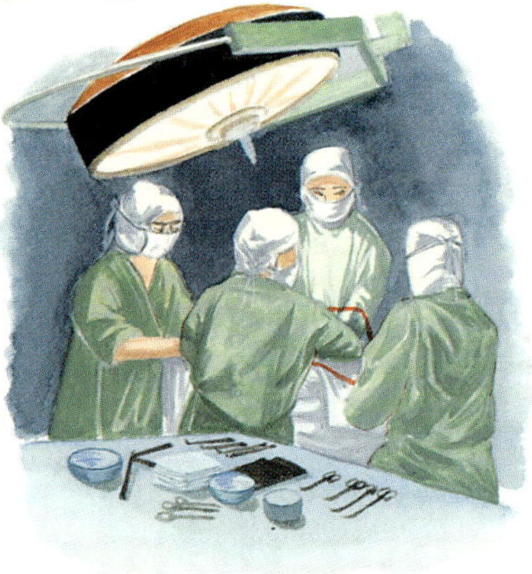

L'anesthésiste fait une piqûre. Le blessé s'endort, il ne sent plus rien. Le chirurgien ouvre la jambe avec son bistouri. Il remet l'os en place, recoud la plaie.

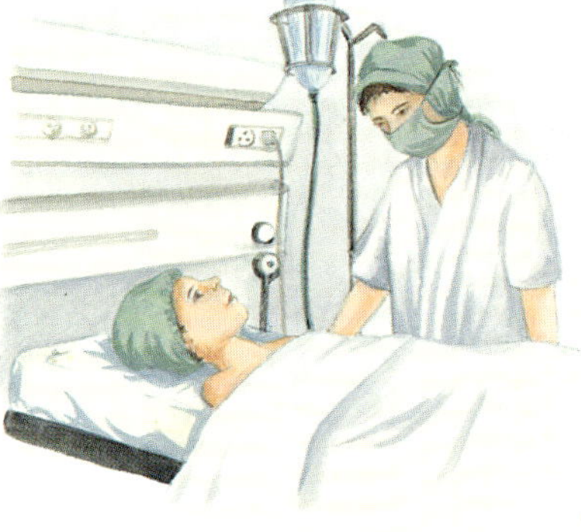

Le blessé est dans son lit. L'infirmière vient souvent. Elle l'aide à manger, fait sa toilette, le réconforte.

Les amis du médecin

Le pharmacien vend les médicaments indiqués par le médecin.

On choisit ses lunettes chez l'opticien. Il place dans les montures les verres prescrits par l'ophtalmologue.

Le petit Paul bégaie, Arthur zozote : l'orthophoniste leur fait faire des exercices : ça va mieux !

Le kinésithérapeute soulage les muscles fatigués, en les massant.

Il rééduque par de la gymnastique une cheville foulée, un bras ou une jambe cassés.

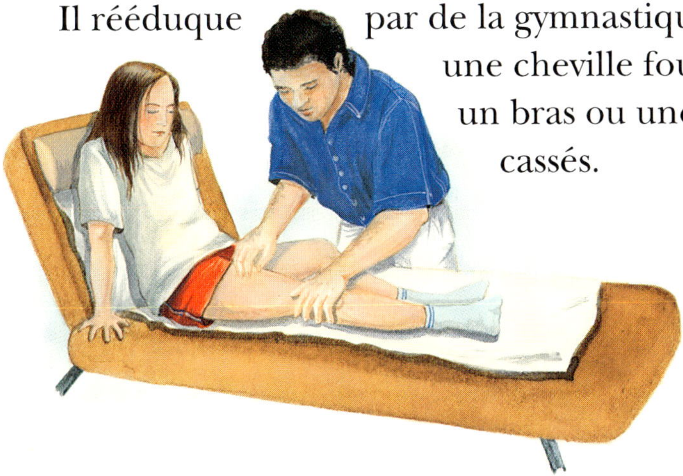

Au secours des autres

Les policiers, dirigés par un commissaire, protègent les gens, et enquêtent sur les criminels. Ils règlent aussi la circulation.

Les CRS, membres d'une compagnie républicaine de sécurité, empêchent le désordre, lors des manifestations ou des matchs de football. Ils secourent les nageurs, à la mer, et les alpinistes, à la montagne.

Un incendie, une inondation, un accident, un chat coincé dans un arbre : les pompiers accourent. Ils doivent toujours être prêts. C'est pourquoi ils dorment à la caserne.

Les militaires défendent leur pays et d'autres nations en danger. Ils savent piloter un avion ou un char et sont aussi médecins, cuisiniers, informaticiens...

Au service de la justice

Un homme est accusé d'avoir volé de l'argent : aidé des policiers, un juge d'instruction mène l'enquête : il interroge les témoins, rassemble les preuves contre lui.

Au tribunal, un autre juge dirige le procès. L'avocat défend l'accusé : il a volé, c'est vrai, mais pour nourrir sa famille ! Le procureur ne se laisse pas attendrir : voler est interdit. Un greffier note tout ce qui se dit. L'accusé est condamné par le juge à payer une amende. S'il ne le fait pas, un huissier viendra chez lui la récupérer.

Sais-tu que...

- En France, l'école est devenue obligatoire, pour les enfants de sept ans, en 1882, à l'initiative du ministre Jules Ferry.

- Le métier de sage-femme peut être exercé par des hommes, qu'on appelle alors des maïeuticiens.

- Les détectives privés ne sont pas des policiers, mais certaines personnes font appel à eux pour mener de véritables enquêtes.

- Les gendarmes font un travail qui ressemble à celui des policiers. Pourtant, ce sont des militaires. On disait autrefois les gens d'armes.

- Les pompiers de Paris effectuent plus de 1000 interventions par jour.

Organiser, conseiller,

fabriquer

Au service de l'État

L'État organise le pays. Grâce à lui, chacun est éduqué, soigné, protégé,transporté. Ce sont les fonctionnaires qui rendent ces services. Ils travaillent pour l'État, c'est-à-dire pour tout le monde !

Pour faire bien fonctionner ces services l'État prélève des taxes et des impôts qui sont recueillis par un percepteur.

Les douaniers contrôlent les hommes et les marchandises qui entrent et sortent du pays. Ils luttent contre le trafic de drogue, ou de tableaux.

Les percepteurs, les douaniers, les militaires sont des fonctionnaires, mais aussi les enseignants, les policiers, les infirmiers, les postiers, les cheminots ou les employés des ministères.

À la banque

Le banquier garde et gère l'argent
de ses clients. Il en prête aussi.
Au guichet, les employés reçoivent
les clients qui déposent des chèques
ou retirent de l'argent.
Dans les bureaux, ils tiennent à jour tous
les comptes des clients de la banque.

Un opérateur de marché achète et vend des actions. Au téléphone, un télé-conseiller s'occupe des clients qui ne peuvent pas se déplacer.
L'assureur lui aussi gère l'argent des autres,

mais pour rendre d'autres services :
si la maison brûle, si la cave est cambriolée, si la voiture est accidentée, c'est l'assurance qui rembourse. Car leurs clients payent chaque année une prime d'assurance.

Dans l'entreprise

Dans le hall d'entrée de l'usine, l'hôtesse d'accueil, élégante et souriante, reçoit et renseigne les visiteurs.

Le directeur général est le chef de l'entreprise. C'est un entrepreneur. Sa secrétaire s'occupe de son courrier, et de ses rendez-vous.

Le comptable surveille les comptes : il sait combien l'entreprise a gagné et dépensé chaque mois.
Le chef du personnel reçoit et choisit les candidats à un nouvel emploi. Il organise aussi la vie de tous les salariés.

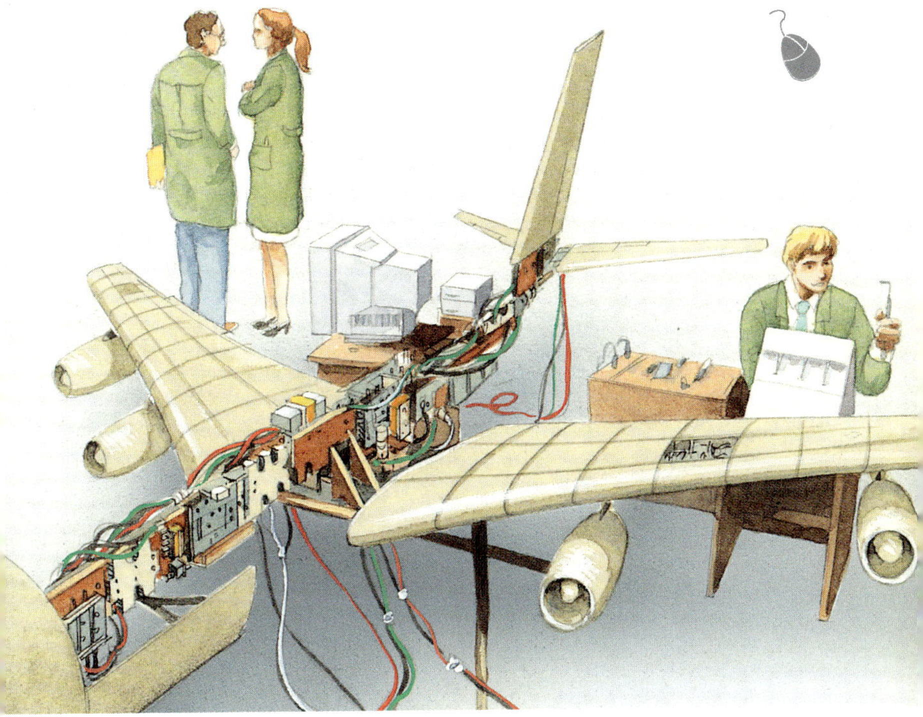

Les ingénieurs sont indispensables à l'entreprise.
Ils sont très forts en mathématiques,
en physique, en chimie, et ils sont très inventifs.
Ils imaginent de nouveaux produits,
et les machines pour les fabriquer.
Il existe toutes sortes d'ingénieurs : certains
conçoivent des avions, des ponts, d'autres
inventent des robots, des voitures ou des parfums.

Avec l'ordinateur

L'informatique est partout.
Elle permet, grâce à l'ordinateur, de piloter un avion, de créer des jeux vidéo ou des CD-rom,

d'interroger l'internet, ou d'utiliser des téléphones sans fil.

Les informaticiens préparent l'ordinateur à chaque type de travail. Le programmeur introduit un programme, un “logiciel”, dans l’ordinateur, en utilisant son langage, un langage mathématique. Les informaticiens relient entre eux les ordinateurs d’une même entreprise, et contrôlent leur fonctionnement.

L’ordinateur doit être protégé contre les virus informatiques qui détruisent son programme. C’est le travail de l’ingénieur de sécurité. Le concepteur imagine des jeux, installe des annuaires téléphoniques sur le Minitel, aide une entreprise à présenter ses produits sur l’internet.

À l'usine d'automobiles

Dans l'usine d'automobiles, les ingénieurs étudient ce qui plaît aux conducteurs. Ils proposent leurs idées pour rendre les voitures belles, sûres et rapides.

Sur leur ordinateur, les dessinateurs imaginent les formes d'une nouvelle voiture, son capot, ses sièges...

Le moteur et la carrosserie
sont fabriqués, assemblés et peints par d'énormes machines informatisées, des robots, appelés manipulateurs.
Un opérateur les programme et les dirige.
Le tableau de bord et les sièges sont en plastique : ils sont moulés par un plasturgiste. L'électronicien installe le circuit électrique et la climatisation.

Sur un chantier

L'immeuble aura quatre étages, des balcons, et un toit pointu. L'architecte en a dessiné les plans.

Le chef de chantier dirige tous ceux qui construisent l'immeuble.

Avec sa pelle mécanique, le conducteur d'engins creuse le terrain pour les fondations. Les maçons coulent le béton dans des coffrages pour former les murs.

Très haut au-dessus du chantier, le grutier soulève, avec sa grue, des poutres métalliques. Sur un support en bois, construit par le charpentier, le couvreur pose un toit de tuiles.

Quand l'immeuble est fini, les artisans s'activent : plombier, électricien, menuisier, vitrier, peintre.

Puis un agent immobilier est chargé de vendre les appartements.

Sais-tu que...

En France, il existe deux sortes d'impôts. Les impôts directs, versés à l'État ou à sa commune d'habitation. Tout le monde ne les paient pas. Et les impôts indirects, que l'on paie avec tout ce que l'on achète, puisqu'il s'agit d'une taxe sur chaque produit acheté, la TVA, taxe à la valeur ajoutée.

Il existe en France, toutes catégories confondues, 5 400 000 fonctionnaires. Ils représentent le cinquième de tous ceux qui travaillent.

Les informaticiens ont beaucoup travaillé en 1999. Ils ont dû vérifier tous les ordinateurs, pour qu'ils franchissent le cap de l'an 2000 sans être paralysés par un bogue.

Les premières chaînes de construction automobile, où chaque ouvrier faisait sans cesse le même geste, sont apparues à la fin du 19e siècle, dans la ville américaine de Detroit.

Dans

la nature

Sur terre et sur mer

Dans sa ferme, l'agriculteur laboure les champs, sème puis récolte des céréales, ou des légumes. Il élève aussi des poules, pour les œufs, et des cochons, des moutons ou des vaches, pour la viande ou le lait.

Son travail est dur, mais il est aidé par des machines puissantes. Elles peuvent couper et battre le blé, certaines peuvent même cueillir les fruits et les légumes ou traire les vaches.

L'aquaculteur élève des poissons, des saumons, des truites, ou des crustacés, comme les crevettes. L'ostréiculteur, lui, fait naître et grandir les huîtres et les moules. Les marins pêcheurs embarquent sur des chalutiers qui traînent de grands filets, les chaluts.
Les poissons qu'ils pêchent sont conservés dans la glace jusqu'au port. Parfois, ils sont congelés directement sur le bateau.

Au milieu des arbres

La forêt a un ami et un protecteur :
le garde forestier. Il peut punir celui qui abîme les arbres ou vole le bois.
Si les arbres sont trop serrés, il indique ceux qu'il faut couper au bûcheron, qui les abat avec sa tronçonneuse.
Le bûcheron nettoie aussi les sous-bois des ronces ou des branches mortes.
C'est très utile, pour éviter les incendies.

et des plantes

Mais parfois, la forêt brûle, et il faut replanter.
On peut acheter un arbre chez le pépiniériste.
Dans sa pépinière, en plein air, ou dans
des serres, bien à l'abri,

il fait pousser des petits arbres,
pour les jardins, les vergers
ou les forêts.
Les jardins publics,
les parcs, les squares
sont dessinés
par le paysagiste.
Il aménage aussi
les bords d'autoroute
ou les terrains de sport.

Avec les animaux

Le vétérinaire soigne les chats, les chiens, et les animaux de la ferme. Il sait réparer les dents d'un cheval, ou aider un petit ourson à naître dans un zoo.
Il accompagne parfois le zoologiste dans la savane et les forêts d'Afrique ou d'Asie, pour observer les animaux sauvages et soigner les bêtes des troupeaux.

Sur son cheval, lancé à toute allure, le jockey, petit et léger, essaye de gagner la course. Avant de participer aux grandes compétitions, il a dû passer de longs mois à entraîner les chevaux, plusieurs heures par jour. C'est le lad qui nettoie les écuries, nourrit et prépare les chevaux.

Un chien dressé sait retrouver des skieurs perdus ou blessés. Il peut aussi repérer les personnes enfouies sous une avalanche, ou dans une maison détruite par un tremblement de terre. Il est encouragé et dirigé par son maître, le maître-chien.

Protéger l'environnement

L'ingénieur sanitaire et l'écoconseiller vérifient que la terre et l'eau ne sont pas salies par les engrais, et que l'air n'est pas pollué. Dans les parcs, nationaux ou régionaux, tout est protégé.

L'animateur, ou agent des parcs et réserves, veille sur la nature. Il la fait connaître aux randonneurs.

Le météorologue peut prévoir la pluie, la tempête ou la sécheresse.

Grâce au volcanologue, on peut savoir quand un volcan crachera sa lave et ses cendres.

Les tremblements de terre sont imprévisibles. Mais le géophysicien connaît les régions où l'écorce du globe bouge, et où ils risquent de se produire.

L'amour du sport

Battre
des records,
monter sur le podium, c'est parfois un métier.

Le champion est alors un sportif professionnel
payé pour jouer
au football ou au tennis,
pour être cycliste, boxeur
ou pilote automobile.

Son entraîneur lui donne
des conseils, surveille
son travail, sa santé
et son alimentation.
Il peut être sévère,
mais il sait aussi remonter le moral.

Le moniteur enseigne la pratique d'un sport
en particulier : la voile,
la plongée sous-marine,
le ski, le judo,
ou encore le rafting.

Le professeur d'éducation physique et sportive travaille, lui, dans un collège ou un lycée. Il initie aux sports et à la gymnastique tous les enfants.

Avec ses jambes

Le guide de haute
montagne aide
les alpinistes
à bien s'équiper :
de cordes,
de piolets et
de crampons.
Il les conduit
sur les sentiers,
les glaciers ou
les parois. C'est
un homme sûr.
Il connaît la nature
et ses dangers.

Le maître nageur
apprend à nager et
surveille les baignades,
à la piscine ou à la mer.
Il peut sauver
des gens de la noyade.

et ses muscles

Au cinéma, le cascadeur remplace l'acteur dans les scènes dangereuses : un cheval qui s'emballe, une voiture qui s'envole, un avion qui part en vrille. Il est acrobate, sportif, précis. Et il aime le risque !

Dans sa combinaison ou son scaphandre, le plongeur va rarement sous l'eau chercher un trésor. Le plus souvent, il travaille : il pose des câbles, soude des tuyaux, surveille les plates-formes pétrolières.

Au bout du monde

Ils travaillent en voyageant,
mais ce n'est pas toujours de tout repos !
Le guide accompagnateur prépare les circuits,
réserve les hôtels, s'occupe d'un groupe
de touristes, donne des explications
sur les régions traversées.

Le reporter photographe n'a peur
ni des guerres, ni des catastrophes,
ni des régions sauvages.
Avec ses photos, il montre
ce qui se passe loin de chez nous.

Les scientifiques parcourent le monde. Aux pôles, les géologues surveillent l'évolution de la Terre. Les ethnologues partagent la vie des hommes de la forêt amazonienne.

L'archéologue recherche les traces des villes enfouies, le paléontologue celles des hommes et des animaux préhistoriques.

Toujours prêts à partir au secours des victimes des cyclones, des famines, des guerres, les professionnels de l'action humanitaire sont médecins, enseignants, ingénieurs. Ils savent opérer dans la brousse, construire un camp, ou creuser un puits.

Sais-tu que...

En 1800, les trois quarts des adultes européens vivaient du travail de la terre. Deux siècles plus tard, seuls 3% de la population active sont agriculteurs.

Les douaniers utilisent des chiens dressés qui détectent, à l'odeur, les colis de drogue cachés ou les explosifs.

Des météorologues célèbres existaient déjà dans l'Antiquité. Aujourd'hui, c'est plus facile : ils observent l'air, les nuages et la pluie, grâce aux satellites.

La plus importante des organisations humanitaires, la Croix-Rouge, a été créée par un Suisse, Henri Dunant, en 1863, à la suite d'une terrible bataille qui avait fait des milliers de morts et de blessés abandonnés. Dans la plupart des pays musulmans, la Croix-Rouge s'appelle le Croissant Rouge.

Informer,

amuser,

créer

D'un bout à l'autre

L'écrivain écrit
des histoires qu'il
invente ou qui
ont vraiment existé.

Il fait parfois des
fautes, le correcteur
les corrige.

L'illustrateur dessine
les personnages,
les paysages,
les objets
de l'histoire.

Pour qu'un livre
existe, il faut un
éditeur qui organise
sa fabrication, son
impression,
sa vente.

du livre

Le maquettiste place les textes et les images sur la page, pour que le livre soit agréable à lire. Les pages sont imprimées, puis assemblées : le livre est né.

Dans sa boutique, le libraire vend les livres.
Il les connaît, il est de bon conseil.

On peut emprunter les livres à la bibliothèque. Ils sont sélectionnés par le bibliothécaire.

La mission d'informer

Le journaliste informe : il raconte un événement et l'explique. Dans un journal, il le fait avec des mots et des photos. À la radio, avec des sons, des témoignages enregistrés sur son magnétophone. À la télévision, avec des images. Le caméraman les filme, le journaliste les commente.

Les présentateurs écrivent et lisent le journal télévisé ou le journal radio. Les éditorialistes donnent leur avis sur un événement.
Les secrétaires de rédaction relisent les articles et organisent, sur leur ordinateur, les pages du journal.Tous les journalistes sont dirigés par un rédacteur en chef.

La magie du cirque

Sous un grand chapiteau de couleurs vives, les artistes du cirque présentent leur spectacle qui émerveille petits et grands.
Les acrobates, le jongleur, le dompteur de tigres, les clowns, tous ont beaucoup travaillé pour vaincre la peur et le danger.
Les musiciens jouent des airs vifs et entraînants pour accompagner leurs exploits.

Au sol, les acrobates sont cyclistes, acrobates, contorsionnistes, jongleurs. En l'air, ils sont funanbules, trapézistes et aussi cyclistes !

Tous ces artistes offrent au public leur adresse et leurs dons comiques, comme s'ils faisaient chaque soir leur numéro pour la première fois.

Sur la scène, sur l'écran

Au théâtre comme au cinéma, le comédien, ou l'acteur, a appris son rôle, sous la direction du metteur en scène. Ses vêtements ont été fabriqués par le costumier. Le maquilleur lui a fixé un faux nez et une perruque. Le décorateur a choisi la rue, l'immeuble, les voitures.

Derrière sa caméra, le cadreur suit les indications du réalisateur. Il filme un visage en gros plan, ou une voiture au loin. Pendant le tournage, une scripte note les détails de chaque scène.

ou en coulisse

Certains chanteurs n'écrivent pas leurs chansons. Ils s'adressent à un parolier, et à un musicien, qui inventent les paroles et la mélodie.
Le chorégraphe conçoit un ballet et dirige les danseurs.

Le chef d'orchestre, avec sa baguette, indique aux musiciens le rythme et les accents de la musique.

À la pointe de la mode

À l'origine d'un nouveau vêtement, il y a un tissu, dont les couleurs et les motifs sont inventés par le designer textile. Le modéliste réalise le premier exemplaire, en suivant les croquis du styliste. Les couturières assemblent les pièces du vêtement, les piquent à la machine.

Les grands couturiers organisent des défilés de mode : les mannequins présentent leurs collections.

Bravo, les artistes !

Avec son pinceau et ses couleurs, le peintre crée un tableau multicolore. Avec son ciseau, le sculpteur taille un visage dans un bloc de pierre.

Un jour peut-être, ils seront célèbres. Leurs œuvres seront vendues aux enchères, par un commissaire-priseur. Ou achetées par un conservateur de musée. Les œuvres d'art abîmées sont réparées par un restaurateur d'art.

En pleine recherche

Sans eux, on ne saurait rien du passé, on ne serait pas vacciné, l'homme ne serait pas allé sur la Lune. Les chercheurs sont à l'origine des grandes découvertes.

En lisant les inscriptions et les manuscrits,

les historiens ont compris comment vivaient les pharaons. L'anthropologue étudie les hommes, leurs habitudes, leurs croyances, leurs techniques.

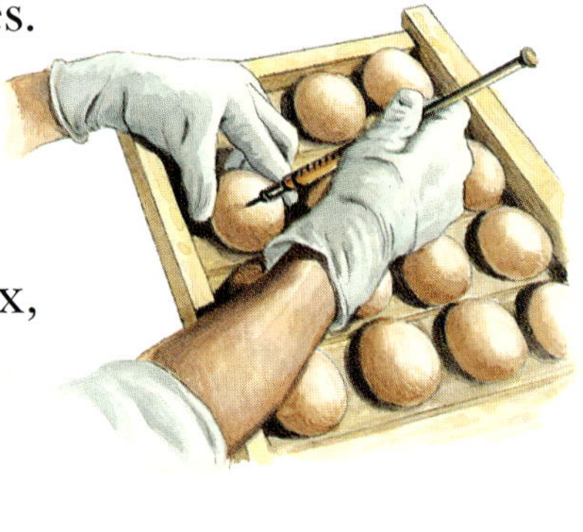

Tous les êtres vivants, les plantes, les animaux, les hommes sont observés par le biologiste.

Certains chercheurs, en biologie ou en science atomique, manipulent des produits très dangereux, ils doivent porter des vêtements spéciaux pour se protéger.

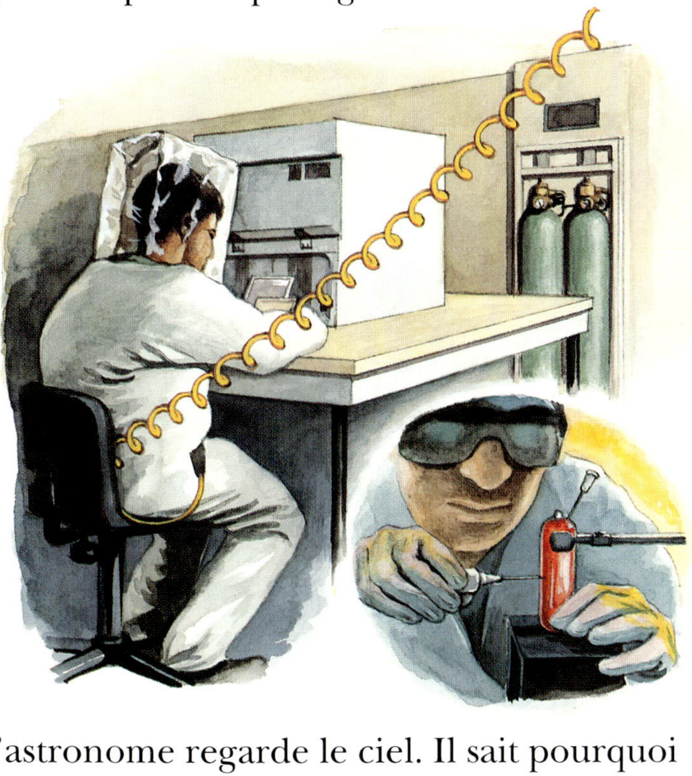

L'astronome regarde le ciel. Il sait pourquoi les étoiles brillent, et pourquoi le Soleil chauffe la Terre.

Sais-tu que...

Imprimer un livre, au lieu de le recopier à la main, a été une vraie révolution ! C'est un Allemand, Gutenberg, qui invente, au milieu du 15e siècle, l'imprimerie : il forme des mots avec des caractères mobiles, les imprègne d'encre, et les reproduit sur du papier.

Internet est né aux États-Unis.
En 1968, pour communiquer en secret et en toute indépendance, les militaires américains connectent entre eux des ordinateurs, en passant par le réseau du téléphone. Puis, les chercheurs se sont emparés du système pour échanger leurs découvertes.

Les spationautes qui tournent autour de la Terre dans leur navette sont à la fois des scientifiques et des pilotes d'essai. On les appelle cosmonautes en Russie, astronautes aux États-Unis.

Cherchons de A à Z